지구 스타일러

詩人廣場 시선　003

지구 스타일러
詩人廣場 시선 003

―――――――――――――――――

초판 1쇄 발행 | 2024년 4월 20일

지 은 이 | 정민나
펴 낸 이 | 김왕노
주　　간 | 방민호
부 주 간 | 김조민
편 집 장 | 최규리
편집위원 | 권성훈, 김효은, 하상만, 석민재, 김광호
　　　　　채종국, 차현주, 김태경, 정윤서, 이하, 이병진
펴 낸 곳 | 詩人廣場
등록번호 | 제2023-000120호
등록일자 | 2023년 11월 20일
주　　소 | 경기도 수원시 영통구 중부대로 448번길 28
　　　　　레이크파크 211동 1503호
전　　화 | 010-4592-2767
전자우편 | kwn346@naver.com
블 로 그 | blog.naver.com/w_wonho

ISBN 979-11-985545-4-3　03810

값 14,000원

* 이 책은 전부 또는 일부 내용을 재사용하려면 저자와 '시인광장'의 동의를 받아야 합니다.
* 이 도서의 국립중앙도서관 출판도서목록은 서지정보유통지원시스템 홈페이지(http://seoji.nl.go.kr)와 국가자료공동목록시스템(http://www.nl.go.kr/kolisnet)에서 이용하실 수 있습니다.

지구 스타일러

정민나 디카시집

■ 시인의 말

스타일러는 국내 가전 회사인 S 전자와 L 전자가 내놓는 인기 제품 중 하나이다. 별도의 세제나 화학물질을 사용하지 않고도 나쁜 냄새와 옷감의 주름을 없애는 친환경적인 물건이다.

기업의 이런 또 다른 방법이 사람들에게 통하기 시작한 것은 '손상 없이 옷감을 어떻게 관리할까.' 하는 구매자들의 원츠와 니즈에 대한 배려에서부터다. 이런 스타일리쉬한 관심 덕분일까.

내 고향 깊숙이 펄 속에 묻혀 있던 도독게, 방게, 세모고랑따개비도 돌 틈을 비집고 나온다. 지구의 열탕 현상으로 갯펄이 병들고 쩍쩍 주름질 때 스팀 입자를 뿜어내듯 촉촉한 노랑부리 저어새, 알락꼬리 마도요, 큰 고니가 먼 곳에서 날아온다.

마주치는 얼굴들, 섬세하게 들여다본다. 발 닿는 곳곳마다 물도 끓고 진흙도 끓어오르는 세상이지만 새로운 장소는 어디든 남아 있다. 먼지를 털어내고 냄새를 제거하고 친환경적으로 사람과 사물, 현상과 세계를 만난다. 작동법을 모르던 지구 스타일러를 움직인 때문이다.

■ 차 례

1부

코스커 동굴벽화 — 19

가이아 — 21

교동도 — 23

고독 — 25

염원 — 27

우기 — 29

탈옥 — 31

휴전(休戰) — 33

난세 — 35

팬데믹이 지나간 자리 — 37

신을 보았다 — 39

지구 스타일러 — 41

이름표 — 43

2부

친수공간(親水空間) - 47

에코 나눔 장터에서 - 49

워크 앤 스테이션 - 51

꽃 이름은 몰라도 - 53

불면 - 55

하마가 입을 벌릴 때 - 57

베아트리스 - 59

본능적으로 - 61

호기심 천국 - 63

망부석 - 65

고향 섬 1 - 67

고향섬 2 - 69

잔디 심는 마음 - 71

3부

휴일 — 75

흔적 — 77

사람살이 — 79

물음표가 있는 한 느낌표도 있다 — 81

뛸까 말까 멈칫! 하는 사이 — 83

안전벨트 — 85

야생 — 87

염려 — 89

푹푹 빠지는 기억 — 91

공생(共生) — 93

진퇴양난 — 95

모래 준설선 파이프 — 97

4부

시(詩) - 101

살림이 실한 사람 - 103

열린 수수께끼 - 105

사막에서는 똥도 예쁘다 - 107

금빛 모래책 - 109

희망이 없는 것은 아니다 - 111

자연 - 113

베두인의 찻집 - 115

독창 - 117

보통 사람들 - 119

와이너리 - 121

전등이 잘 팔리는 구역 - 123

■ **해설** | 길 위의 시학, 인정과 인본의 미학
| 김왕노(시인, 문학평론가, 시인광장 발행인) - 125

1부

코스커 동굴벽화

발이 젖기 직전입니다
삼만 육천 년이나 뛰어왔는데
이대로 가라앉아야 합니까
말들의 수심이 차오릅니다

가이아

까맣게 타들어 가는데
어떻게 퍼 올릴까
오래도록 꺼뜨리지 않을까

교동도

어디까지 밀려갔나

왕래가 잦던 새들 날아오지 않는다

내륙 깊숙이 들어온 갯골 철책선을 마주한 곳에서

해초 몇 포기, 지느러미처럼 띄엄띄엄 걸려있다

고독

외계인은 어쩌면 이곳을 다녀갔는지 모른다
수 세기 풍화작용으로 모래가 된 조개껍질
저희 별에 전송하고서
수억 광년 먼 저희 별로 돌아갔는지 모른다

염원

양 한 마리 두 마리 세 마리

출렁이는 험한 지구

초원에서 키우는 양 백만 마리

우기

온통 물인 도로에서 빠져나갈 길을 못 찾자
물불 안 가리고 온 마을을 휘젓고 있습니다

탈옥

사는 동안 미운 정 고운 정이 들었다

폐쇄된 우물에서 다복다복 연분이 깊다

우울이 차올라도 명랑은 필수*라고

광물성과 식물성이 서로를 건너고 건네준다

*관용어

휴전(休戰)

탄약고 갤러리를 열고 있는 나라에서

우리는 너무도 무심하게 숨 쉬는 나무다

난세

황금 세기까지 걸어오느라
북극곰도 누더기가 되었다
햇빛 찬란한 하늘 아래 어떤 놈은
벌써 유물처럼 서 있다

팬데믹이 지나간 자리

마스크를 벗으면 그림자가 지나간 얼굴
이제야 꽃진 자리 쓰다듬는다. 바삭바삭
부서지는 산수국, 그가 오지 않았다면
봄 곁에서 아름다웠을 텐데 그가 없었다면
여름꽃을 기다리며 향기로웠을 텐데

신을 보았다

한 개의 돌덩이에서 돋아난 신의 모습
비와 바람 안개와 파도로 물결친다
헤아릴 수 없는 어머니의 넋이 내비친다

지구 스타일러

여북이나 고맙겠어요, 저 지구본
살짝 들고서, 먼지 좀 털고
온실가스도 좀 빼어서
지구의 끝이 유예된다면

이름표

돌 구르는 소리 들으며 올라왔다

측량 삼각점 무의-5

평범해 보여도 실용적 이름

정상에 닿으려는 한 발 한 발

턱까지 차오르는 숨 견디며 올라왔다

2부

친수공간(親水空間)

직선이 낮고 곡선이 높다 풍경이 어울린다
적재적소 배치하니 연안에 물결이 찰싹인다

에코 나눔 장터에서

여러 번 자유롭게 써버리는 저 햇빛

이곳에선 아무도 욕하지 않는다

으악새는 에너지를 충전하여 밤을 버틴다

워크 앤 스테이션

리용역에서 탈 기차는 사십 오분 연착이다
당황하는 사람은 없다 발소리를 멈추고
단말기 앞에서 아무렇지도 않게 볼 일 중이다
삼십 분 이상 연착이니 환불도 가능하다

꽃 이름은 몰라도

인심이 흉할 땐 꽃을 심는다
벽을 등지고
메마른 세상 모퉁이를 가려 준다

불면

자연산 멜라토닌 몇 뿌리 캐어 씹어먹고 싶다
몸 안에 부드럽게 퍼지는 잠의 향기 맛보고 싶다

하마가 입을 벌릴 때

웃음 지으며 들고나온 곡식은 얼마일까
기후 변화로 저장고는 비어가는데
저 미소의 목덜미가 한없이 간지럽다

베아트리스*

말하지 않아도 멀리 있는 자식들은 자주

그녀의 정원으로 모여든다

음식물 찌꺼기를 모아 호박꽃을 피우고

태양 전지판으로 밝힌 밤, 유기농 과일처럼 향기롭다

*필자 딸의 시모(媤母)

본능적으로

한발 한 발 발을 뗀다
아득한 옛날 식물과 인류는 한 뿌리였음을
혹한의 저 어린 나무들 알고 있는지
발 시려워도 아장아장 걷고 있다
한 아름 벌린 봄볕 쪽으로

호기심 천국

날마다 서점에는 새 책이 쏟아져 나옵니다
걸어갈수록 새롭게 밟는 땅이 생겨나므로
새내기들 어느 방향으로든 신이 납니다

망부석

서어나무 서성이는 계절

호룡곡산, 비탈진 햇볕을 보듬고 있는데

범과 용은 언제 돌아오나

고향 섬 1
− 세계자연유산이 되다

멸종위기에 처한 저어새들 먼 하늘에서 날아오면

민챙이 가무락 키조개…미소 갑각류들

힘찬 꿈틀거림으로 발바닥이 간지럽다

천년의 시간이 물새알처럼 둥실둥실 떠오른다

고향섬 2
― 시위

색이 허옇게 바래 돌아왔다 수많은 거북이들
까마득한 열천(熱泉)의 하늘로 떨어지지 않고
엉금엉금 기어서 왔다 하얀 등짝으로 돌아왔다
형체가 녹기 시작한 몸뚱이 떼로 몰려왔다

잔디 심는 마음

심은 뒤에는 흙으로

살짝 싹을 덮어 주어요

밑에서 은근히 힘을 쟁여

그림자 위쪽으로 올라오라고요

3부

휴일

바퀴를 굴리며 갑니다
꽃잎처럼 가볍게
바람처럼 화사하게
길은 꽃길이라
봄과 더 멀리 갑니다

흔적

꽃잎은 부지런히 내려서 다음 기차를 기다린다
바람이 심해 역전의 위기에 처한 철쭉은
어두운 모퉁이에 하얗게 구토해 놓았다

사람살이

측도는 썰물 때 울퉁불퉁하고
물 들어오면 매끄러워지지만
물이 빠지면 들어갈 수 있고
물이 밀면 들어가지 못한다

물음표가 있는 한 느낌표도 있다[*]

저요! 저요! 발언할 것이 많은 세상, 활기차다

영점 오점 인센티브를 주지 않아도

번쩍 드는 손, 개강을 한 것처럼 북적인다

[*]PBL(문제중심학습) 교재에서

뛸까 말까 멈칫! 하는 사이

마운드에서 나뭇잎이 휘날리고

수비와 공격이 바뀌었다

들뜬 시간이 직구로 겨울 집에 닿았다

안전벨트

젊은이는 꼭꼭 잊지 말라고

하늘로 죽죽 벋는 한마디 한마디

빼곡히 챙겨 이 봄에도 어김없이 도착했다

야생

동이 트자 말과 양은 초원으로 막 걸어온다
초록의 대지가 잔뜩 긴장한다

구 수흐바타르 광장에서 결혼식을 준비하는 신부는
아름답다
원색의 옷을 갖춰 입은 신부의 여동생이 더 예쁘다

벌은 어느새 젖과 꿀이 흐르는 아침을 채취한다

염려

할 일이 가득하네요 계절의 막바지에

무슨 과제가 이리 밀려 있을까요 전화기 너머

쉰 목소리, 그녀의 이상기온이 걱정됩니다

푹푹 빠지는 기억

뿔난 얼굴, 연골이 삭으면서 사막에 있다
애증의 그림자가 오래오래 모래로 흘러내린다

공생(共生)

자동차는 멈춰 섭니다. 하나의 길에 동의한 듯
산기슭 산양들 건너편 물기슭 초지에 닿을 때까지
그들의 측면에서 오래 기다립니다

진퇴양난

늘대를 죽이지 않고 인간도
안심하는 낙원을 꿈꿀 수는 없을까
늘대 보호주의 국가 노르웨이가
늘대가 불어나자 고심에 빠졌다
동물보호단체는 사살을 반대하고
늘대는 세상으로 진격하고

모래 준설선 파이프

아프도록 털어낸다. 다음 생으로 건너기 전
노역의 속살, 햇볕과 바람으로 말리고 있다.

4부

시(詩)

일 획을 긋더라도 힌트를 준다.
그 힘으로 흔들리는 출렁다리
안개 낀 날도 탈 없이 건널 수 있다.

살림이 실한 사람

수줍은 청춘이 왔다 갔구나
날갯짓도 펄럭였구나
큰물과 큰불이 롤러코스터를 타는
틈새로 서툰 봄이 다져졌구나
실한 씨앗들 꼭꼭 박혀 있구나

열린 수수께끼

복을 쌓으면 장수한다는 복파산에서
소원을 빌고 내려오는 길
우리는 무엇인가. 우리는 무엇일 수 있는가.
뒤숭숭한 머리
쓸어 넘기는 빗, 아직도 시내 한가운데 진열되어 있다.

사막에서는 똥도 예쁘다

모래 속에 파묻히며 뿌리를 뻗는 어린나무들
그 곁 어미맘들, 눈물이 맺히도록
동글동글 힘주어 응원한다

금빛 모래책

풀포기들, 포화(砲火)속을 걸어온다 퍼즐을 맞추듯
모래로 쓰여진 책, 한 권을 다 읽으면
생명의 땅으로 이주한 새들 맞이할 수 있을까
길 끝까지 걸어간 나무 용병들 조우(遭遇)할 수 있을까

희망이 없는 것은 아니다

벌집 나방 유충은 너무 독해 벌집을 다 먹고
그 곁에서 나풀거리는 비닐까지 먹어 치운다니
사막에 세워진 부르주 칼리파, 저 뾰족한 탑으로
두껍게 쌓이는 탄소막도 뚫을 수 있기를

자연

새의 발자국은 풀잎을 닮았다
꽃잎을 닮았다 별빛을 닮았다
목마를수록 표정이 서로 닮았다

베두인의 찻집

밖은 올드숙, 안은 스타벅스.

플라스틱 컵과 종이 빨대처럼

이방인의 출입은 자유로워.

언밸런스(unbalance)한 사원 근방에서

급할 땐 몸에 착 달라붙는

플리츠 팬츠를 속에 입고

전통 복장 아바야는 겉에 입고

독창

사계절 눈이 안 오는 나라에서
아이스크림 가게 주인은
빛을 바닥에 깔아 눈을 연출했다
서늘해진 상점으로 분주한 길이 생겼다

보통 사람들

시청으로 가는 길이든 출장 가는 길이든
고단한 길일지라도
다른 이의 펼쳐놓은 곡식을 밟지 않으려고
살살 비켜 갑니다

와이너리

따갑고 시리고 아린 시간은
발효 중입니다. 또록또록
맑은 눈물이 될 때까지

전등이 잘 팔리는 구역

지나가는 빛도 그냥 보내지 않는다

능숙한 세일즈 맨

까물까물 잊혀진 호롱불도 살려내고

아물아물 꺼지는 사랑의 불씨도 되살리고

■□ 해설

길 위의 시학, 인정과 인본의 미학

김왕노
(시인, 문학평론가, 시인광장 발행인)

    정민나의 디카시는 일차적으로 대상을 있는 그대로 받아들인다. 그런 후 자신의 경험과 무의식에서 생성한 감정을 순간적으로 링크하여 표현한다. 그런 연유로 이때 생성된 형상물은 좀 더 구체적이고 감각적이다. 한 점에서 다른 점으로 이동하는 움직임의 속성을 잘 드러내기 때문이다.
    사실 디카시는 사람이나 사물을 있는 그대로 받아들이면서 차이를 생성하는 탈 영토 개념과 부합하는 특성이 있다. 이러한 속성은 낯선 대상과의 교합과 반전·이행의 과정에서 드러난다. 함께 공존하면서 시적인 형상을 다양한 이미지로 찍어내는 정민나 시인의 디카시를 접하면 친밀함과 신선함이 있어 공감력을 더한다.
    시인의 디카시에서 주목할 만한 점은 철저하게 길에서 쓴 이 시들이 멋을 부리지 않는다는 점이다. 가식이나 과장의 시어가 보이지 않으므로 오히려 높은 수준을 선보인다.

기존의 생각에서 얼마나 멀리 탈주하는가. 이 '탈(脫)'의 방향성이 확실하고 속도감이 느껴질수록 그 문학적 산물의 의미는 더욱 깊어진다. 하지만 하나의 모선에서 다른 동작으로 이동하면서 이음새를 교환할 때 이격(離隔)되거나 감흥을 얻지 못하면 그것은 무의미한 이탈에 불과하다. 그러므로 일상에서나 예술에서나 '탈주'란 엄청난 위험을 동반한다.

정민나 시인의 탈(脫)은 토란이나 감자 줄기처럼 수평으로 자라면서 덩굴을 뻗는 생성 존재론적 '탈'로서 자기상사(相似)로서의 생명력을 얻는다. 이것은 접속을 통한 개방과 수용이 가능함을 의미하고 이러한 링크는 나아가 연대의 가능성과 다양한 배치를 암시한다.

좋은 사진과 글을 얻기 위해 시인은 분주하게 사물이나 사회현상을 살핀다. 그래서 디카시는 발품으로 얻어지는 예술품이라는 말이 있다. 애정을 가지고 대상을 대하지만 급할 때는 재빠르게 순간을 포착하여 시적으로 전환한다. 그러기에 시인은 감각을 열어두고 늘 깨어있는 존재가 된다.

디카시를 보면 그 시인의 행동반경이 드러난다. 자동차 바퀴가 헛돌기도 하는 중동의 사막에서, 건기와 우기 때마다 사람들이 떠밀리는 톤레샵 호수로, 원시의 동굴벽화가 이상 기온으로 젖어 드는 남불의 해안가에서, 염소와 사람이 나란히 사막을 건너는 몽골의 고속도로 위로, 정민나 시를 보면 시를 얻기 위한 발품이 어디까지 닿았는지 지도가 그려진다.

시인이 사물이나 다른 생명을 향해 다가설 때 그들도 시인을 향해 진심어린 표정으로 다가선다. 정민나 시인의 디카시에는 이런 정성스럽고 참된 삶의 모습이 퍼즐처럼 짜여있어 독자가 그 길에 고스란히 동참할 수밖에 없다. 세상에 대한 가치관과 태도가 일목요연하게 노출되면서 소통을 이루므로 시인의 시에서 향기로운 인간의 냄새가 난다. 이럴 때 낯선 사물마저 친근하게 손을 내민다. 이것이 디카시의 멋이고 맛이다.

 '워크 앤 스테이션'이 마련된 도시 리용역이나 람사르 습지 보호구역이 된 시인의 고향 마을이나 다시 돌아온 평이로운 일상의 도시나 정민나의 디카시에 담긴 모든 길들을 잇다 보면 들뢰즈가 말한 바 있는 그 '천 개의 고원'이 어른거린다. 처음도 끝도 아닌 여행지가 곧 일터이기도 하고 때론 디카시를 길으러 간 힘든 노정이기도 한 그 풍경들은 우리네 삶의 또 다른 모습이기도 하다. 그것이 '노독'으로 쌓이든 더 자유롭게 세계와 통하는 문으로 연결되든 그래서 디카시는 '생활의 문학'이라 하지 않던가.

 반복되는 시간 속에서도 일상을 찍고 시를 쓰는 행위에 도취할 때 좋은 디카시가 나올 수밖에 없다. 우리나라 디카시가 어느 정도 정착되었고 세계화의 물꼬도 트였다고 볼 수 있으나, 실은 감동을 주거나 기대보다 좋은 멀티 언어 예술로서의 디카시집은 보기 드물다. 하지만 정민나 시인의 시집은 읽으면 읽을수록 실시간으로 소통되는 시간의 흐름을 느낄 수 있다. 한마디로 흡입력이 뛰어난 영상 시집이다. 자연 현상이나 사물에서 포착된 이런 영감이나 감흥을 영상과 문자가 하나 되는 텍스트로 수용한 것은 좋은 선택이라고 할 수 있다.

1. 길 위의 시학

길은 가슴으로 난 길, 꿈속으로 난 길, 살러 가는 길, 죽음으로 가는 길, 여러 갈래의 길이 있다. 아무리 험지를 지나는 길이라도 끝내 가슴이 확 트이는 바다나 들판, 산꼭대기로 우리를 데려다준다. 이것이 길을 가는 이유이고 길을 가야만 하는 까닭이다.

하지만 걷다보면 또 궂은비 내리는 길, 길이라 여기고 걸어간 길, 꽃이 지는 길, 기어이 길이 아닌 길을 수시로 만나기도 한다. 길은 오직 외길인데 잘못 든 길만 갈 수 없다는 듯 정민나 시인의 디카시 시적 행보는 지구 어디로나 쉼 없이 뻗어 있다.

길을 가는 과정에서 시인은 열매를 수확하듯 디카시를 쓴다. 길을 따라 걸은 흔적으로 한 권의 책을 추수한다. 그리하여 어떤 이론에서 걷어 들인 성과 보다 걸으면서 얻은 이 결실은 아름답다.

풀포기들, 포화(砲火)속을 걸어온다
퍼즐을 맞추듯 모래로 쓰여진 책, 한 권을 다 읽으면
생명의 땅으로 이주한 새들 맞이할 수 있을까
길 끝까지 걸어간 나무 용병들 조우(遭遇)할 수 있을까

- 「금빛 모래책」 전문

사막은 폐허의 대명사이다. 많은 사람들의 의식 속에 사막은 '사지'라는 이미지로 잠겨 있다. 그런데 시인은 역설적이게도 메마르고 쇠퇴한 그 곳에서 생명의 행진을 보여준다. 멈추지 않는 희망이 있음을 역설한다. '모래 속에 파묻힌 풀포기들, 포화(砲火) 속을 걸어온다.'는 예상 밖의 발견을 독자들과 공유한다.

인간의 이기심과 갈등으로 극한 상황이 된 터전에서도 생명들은 꿈틀거린다. 그 애잔한 목숨들의 눈빛을 대할 때의 안타까움을 독자는 정민나의 '금빛 모래책'에서 찾아볼 수 있다. 이 책을 읽으면서 사막에 육화되어 가는 인간의 모습을 볼 수 있다. 그보다 더 큰 발견은 자연은 오행 상극이 아니라는 사실이다. 결국 사막의 극복은 '상생'이라는 공존을 통해서만 가능한 일이 되었다. 천적이 곁에 있으므로 존재의 대한 열망이 더 강해지듯이 세상이 사막화되어 갈 때 사람들은 삶에 대한 애착을 더 가질 수 있다. 매한가지 사막화가 진행되는 영토에서 살아남으려고 애를 쓰는 동물이나 식물들도 그런 불모의 땅에서 어떻게든 살아남고자 애를 쓴다는 사실이다. 사막에 사는 동식물의 많은 개체수가 사라지고 얼마 남지

않은 이들을 마주할 때의 환희를 시인은 '금빛 모래책'이라는 메타포로 전한다. 이러한 환경과 타자에 대한 새로운 의식과 개안(開眼)은 시인의 탁월한 상상력이 있기에 가능하다.

척박한 환경에 적응하는 행위는 이제 사막을 무조건 피하거나 벗어난다고 해결된 문제가 아니다. 더 깊이 파고들어 자신의 터전에서 밀려난 새와 나무, 얼굴마저 떠오르지 않는 수많은 생물들과 조우하는 일이다. 시인의 발끝이 향하는 모래 언덕 깊은 곳에서 길어 올린 이 생명체들이 역설적으로 우리 가슴을 촉촉이 적신다.

2. 인류 미래 시학

우리는 어쩌면 눈앞의 세상에만 집착하며 사는 당대의 존재들이지만 여기에 일침을 놓는 것이 정민나의 디카시이다. 지금 이후에도 태양계가 탈없이 구르고 그 안의 지구가 무사하고 또 그 안에 사는 자녀가 건강하고 손자 손녀가 무탈하기를 바라는 염원이 시집 면면에 걸쳐 한 컷 한 컷의 사진과 시적 전언에 담겨 있다. 시인이 존재하지 않는 먼 미래까지 염려하는 마음이 시 전면에 흐른다.

> 여북이나 고맙겠어요. 저 지구본
> 살짝 들고서, 먼지 좀 털고
> 온실가스도 좀 빼어서
> 지구의 끝이 유예된다면
>
> −「지구 스타일러」 전문

지구본 하나를 보고 지구 스타일러를 생각해 낸 발상이 좋다. 지구의 안위를 걱정하며 미래지향적인 시인의 태도가 순수하고 건강해서 좋다. 사진의 중심인 지구본과 그 배경을 정확한 비율로 나누어 찍었다면 지루함을 나타냈거나 긴장이 고조되었을 것이다. 그런 점을 피하고 지구본을 살짝 옆으로 옮겨놓았기에 여백의 아름다움과 정신적 여유로움까지 갖추었다. 그러면서 외유내강의 '지구 사수'라는 강한 메시지를 전한다.

 대상을 찍는 이런 방식은 하루 아침에 갖게 된 감각이 아닐 것이다. '저 지구본을 살짝 든다'는 재치있는 말로 지구 스타일러의 일이 어려운 것이 아니라 쉬울 수도 있다는 암시를 주면서 균형감각을 이룬다. '지구의 끝이 유예된다면'이라는 문구에서도 시인이 간절한 마음이 여운을 남기듯 갈무리 되고 있다. '우리 지구 스타일러와 같은 존재가 되자'고 은근하면서 천연스럽게 권유하는 목소리는 기지를 발휘하여 이 시의 매력 포인트가 된다.

3. 인본주의 시학

사람이 비극적인 삶을 사는 이유 중에는 자신이 '사랑 부자'라는 것을 모르기 때문일 수 있다. 퍼내고 퍼내어도 바닥나지 않는 화수분 같은 사랑을 품고 있는데 그런 사랑이 본인에게 있다는 자체를 모르기 때문이다.

정민나 디카시에 전반적으로 흐르는 주제는 사랑이다. 이런 제재는 가장 보편적인 견해나 사상을 드러내므로 자칫 고리타분하거나 지루할 수 있다. 그런데 인본주의 사상이 표나지 않게 시에 깔려 있다면 따분함이나 그 어떤 불편함을 느낄 수 없다.

정민나의 시학은 베품의 시학이고 인본주의 시학이라 할 만하다. 자연스럽게 몸에 배었기에 의식적으로 사랑을 베풀지 않아도 사랑의 품성이 생활에 묻어나고 시에 배어드는 것이다.

시청으로 가는 길이든 출장 가는 길이든

고단한 길일지라도
다른 이의 펼쳐놓은 곡식을 밟지 않으려고
살살 비켜 갑니다

– 「보통 사람들」 전문

  주위 정경으로 볼 때 이 사진 속 장소는 이국(異國)인 듯하다. 길 위에 말리려고 펼쳐놓은 곡식은 외국이든 어디서든 흔하게 볼 수 있는 광경이다. 지나가는 사람들이 곡물을 피해 가는 모습에서 인류 공통의 사랑을 보게 된다. 시인은 길 위에서 그런 사랑을 포착한다.
  그 순간을 찍어낸 저 사진 한 장과 언술 몇 줄이 울컥 감동을 느끼게 한다. 이것이 디카시의 힘이다. '다른 이의 펼쳐놓은 곡식을 밟지 않으려고 살살 비켜 갑니다.'라는 한 마디 말로 사랑의 실체와 사랑의 행동강령을 느낄 수 있다. 사랑을 역설하거나 들추어 보거나 사랑의 형식이나 사랑의 방법에 대해 말할 필요가 없다. 이 한 편의 디카시가 세상에서 가장 아름다운 사랑의 실천 강령이 된다.

  지금까지 일상과 길 위에서 얻은 영상과 문자로 천불천탑처럼 쌓아 올린 정민나의 디카시를 보았다. 시인의 시가 어떻게 써지는가를 파노라마처럼 펼쳐 보면서 다르게 깨어나는 마음의 움직임도 있었다. 지금까지 문학은 작가의 정서나 사상 등에 상상력을 입혀 언어와 문자로 태어나는 예술 및 그 작품이라는 게 정론이었다. 이제 사진과 언술을 가지고 시를 완성하는 또 다른 문학 형태인 디카시가 생겼다. 이것은 문학의 진화이고 시의 진화라 할 수 있다. 영상매체가 발달한 시점에서 이러한 변화는 자연발생적이고 필연적인 것이다.

    디카시는 현대인의 가치관 실현과 예술 욕구를 용이하게 한다. 문학을 쉽게 접하거나 문학에 참여할 기회를 더 많이 제공해 준다. 디카시를 통해 인간의 경험을 극대화할 뿐만 아니라 일상에서의 문학이라는 생활문화를 구현할 수 있게 되었다. 이러한 시점에서 정민나 시인의 질 높은 디카시집 '지구 스타일러'가 나왔다는 사실은 시사하는 바가 크다.

    지역을 넘어 글로벌을 향한 힘찬 행보를 보여주는 길 위의 문학인, 길 위의 예술가, 사진과 언술의 마술사 정민나 시인은 디카시의 스타일러가 되었다. 정민나 시인의 디카시집 '지구 스타일러'가 디카시와 우리 문학이 진일보되었음을 알려줘 고맙고 시집을 읽는 내내 행복했음을 고백한다.